En el trabajo

CINEASTAS

Suma y resta de números mixtos

ESTUDIO

ESCENA	TOMA	PLANO
	SONIDO	

FECHA

PRODUCTORA

DIRECTOR

CAMARÓGRAFO

Monika Davies

Asesoras

Lisa Ellick, M.A.
Especialista de matemáticas
Norfolk Public Schools

Pamela Estrada, M.S.Ed.
Maestra
Westminster School District

Créditos de publicación

Rachelle Cracchiolo, M.S.Ed., *Editora comercial*
Conni Medina, M.A.Ed., *Gerente editorial*
Dona Herweck Rice, *Realizadora de la serie*
Emily R. Smith, M.A.Ed., *Realizadora de la serie*
Diana Kenney, M.A.Ed., NBCT, *Directora de contenido*
Stacy Monsman, M.A., *Editora*
Kristy Stark, M.A.Ed., *Editora*
Caroline Gasca, M.S.Ed., *Editora*
Sam Morales, M.A., *Editor asociado*
Kevin Panter, *Diseñador gráfico*
Sandy Qadamani, *Diseñadora gráfica*

Créditos de imágenes: pág.4 Bepsy/Shutterstock; pág.6 Celador Films/Album/
Newscom; pág.7 Taylor Hill/FilmMagic; pág.8 Photo 12/Alamy; pág.9 Photo 12/Alamy;
pág.10 Mark Davis/ WireImage; pág.11 Rob Kim/Getty Images for ColorOfChange;
pág.12, (superior) Photo 12/Alamy; pág.12 (inferior) Richard Goldschmidt/Newzulu/
Alamy; pág.13 AF archive/Alamy; pág.14 (inferior) Collection Christophel/Alamy;
págs.14–15 Bettina Strenske/Alamy; pág.16 Paul A. Hebert/Invision/AP; pág.17 Photo
12/Alamy; pág.18 LILO/SIPA/Newscom; pág.19 Kevork Djansezian/Reuters/Newscom;
págs.21–25 cortesía de Brandy Menefee; pág.26 Moviestore Collection Ltd/Alamy;
pág.27 Collection Christophel/Alamy; págs.28–29 Ollo/iStock.

Teacher Created Materials

5301 Oceanus Drive
Huntington Beach, CA 92649-1030
http://www.tcmpub.com

ISBN 978-1-4938-8321-9

Contenido

Los narradores de historias

El mundo está lleno de historias. ¡Algunas de las mejores son las capturadas en la pantalla grande! Pero, ¿cuánto sabemos acerca de las personas que dan vida a esas historias?

Al final de las películas siempre aparece una larga lista de créditos. Sin embargo, el líder detrás de las cámaras sin duda es el cineasta.

Por lo general, el cineasta es mucho más que un **director**. A menudo es el **productor** y el **editor** del filme. Y, a veces, también es el escritor. En la industria cinematográfica, ¡los cineastas son las personas que más tareas realizan al mismo tiempo!

Echa un vistazo a algunos de los principales cineastas de la actualidad. Cada uno recorrió un camino especial hasta llegar a este punto de su carrera. Estos cineastas se esfuerzan por incluir una variedad de personajes en sus proyectos. Están enfocados en hacer películas inteligentes e innovadoras. Son artistas. Hay quienes hasta los llaman visionarios. Pero, sobre todo, son narradores de historias: los mejores de Hollywood.

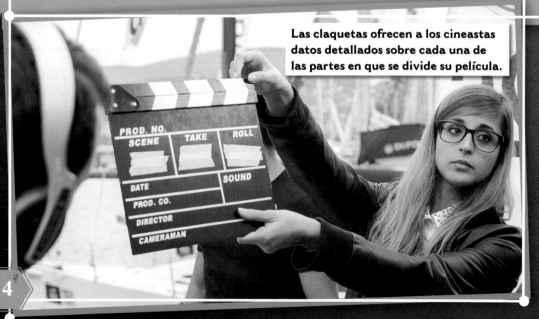

Las claquetas ofrecen a los cineastas datos detallados sobre cada una de las partes en que se divide su película.

Ava DuVernay

Los cineastas son verdaderos líderes. Preparan a los actores para las escenas y supervisan a un equipo técnico. En el plató, todos trabajan bajo su guía. Por eso, solo una persona muy dedicada puede sentarse en la silla de director.

Ser una líder es algo que a Ava DuVernay se le da naturalmente. La cineasta dijo: "Desde muy pequeña, siempre me sentí cómoda en esa posición. Nunca me fue difícil decir lo que pensaba".

Aunque DuVernay sentía que tenía la capacidad y la libertad de hacer lo que quería, sus primeros pasos no la llevaron directamente a filmar. Al principio se ganó la vida como **publicista**. En ese papel, adquirió experiencia en mercadotecnia trabajando para grandes producciones de Hollywood. "Cuando comencé, no pensaba que podía ser cineasta", recordó DuVernay. "Simplemente me encantaban las películas y quería tener un trabajo que me acercara a ese mundo".

DuVernay notó que había pocos filmes independientes de origen afroamericano. Quería cambiar eso. Así que hizo algunos cambios en su vida. Todavía era publicista cuando empezó a hacer filmes.

DuVernay cambia el ángulo y la velocidad de la cámara para ofrecer al público otra perspectiva.

DuVernay asiste a la gala de la revista TIME, donde fue reconocida como una de las 100 personas más influyentes del año.

Las páginas de los guiones suelen dividirse en octavos porque la hoja de papel mide 8 pulgadas de longitud. Una página de guion equivale a aproximadamente 1 minuto de película.

Imagina que DuVernay necesita combinar algunas escenas. La cineasta quiere que cada escena nueva dure al menos 4 minutos, u ocupe 4 páginas. Elige todas las expresiones que muestren combinaciones de páginas con una suma igual o mayor que 4.

A. $1\frac{2}{8} + 2\frac{4}{8}$ **B.** $3\frac{3}{8} + \frac{7}{8}$ **C.** $2\frac{1}{8} + 2\frac{1}{8}$ **D.** $1\frac{6}{8} + 2\frac{2}{8}$

DuVernay comparte su visión de la escena con el actor principal David Oyelowo.

DuVernay explicó: "Me permití ir de a poco. No me sentí mal por el hecho de estar ocupada con un trabajo de tiempo completo. En cambio, analicé de qué manera ser publicista podía fortalecerme como cineasta".

En 2006, estrenó su primer **cortometraje**, *Saturday Night Life*. En 2010, dirigió su primer largometraje, *I Will Follow*. A los críticos les encantó la película. DuVernay comenzó a ser reconocida por su trabajo.

En 2014, se estrenó el filme *Selma: El poder de un sueño* de DuVernay. Selma narra cómo fue la marcha de Martin Luther King Jr. desde Selma hasta Montgomery, en Alabama. Esa marcha fue parte del movimiento que buscó garantizar la igualdad del derecho al voto para todas las personas de color.

La película contó con un presupuesto de 20 millones de dólares. Fue un proyecto grande. Vino acompañado de nuevos desafíos. La marcha es un momento crucial del relato. Para esa escena, DuVernay tuvo que coordinar a cientos de **extras** y usar adecuadamente una **pantalla verde**. Todo eso era algo nuevo para ella. Sin embargo, según comentó la cineasta: "Mi enfoque fue el mismo que con cualquier otra escena: ¿qué fue lo que sucedió aquí?". Centrarse en la historia le ayudó a dar vida a la escena.

"A TRIUMPH... OYELOWO'S PERFORMANCE AS MARTIN LUTHER KING IS STUNNING"

BAZ BAMIGBOYE, DAILY MAIL

DAVID OYELOWO

SELMA

TOM WILKINSON   CARMEN EJOGO   WITH TIM ROTH   AND OPRAH WINFREY

ONE DREAM CAN CHANGE THE WORLD

IN CINEMAS 6TH FEBRUARY

Facebook.com/SelmaFilmUK   INGENIOUS

QUEEN SUGAR
EXECUTIVE PRODUCED BY
AVA DUVERNAY AND OPRAH WINFREY

DuVernay celebra el estreno de la serie *Queen Sugar*.

DuVernay habla en la celebración del 10.° aniversario de una organización enfocada en dar a las personas de todas las culturas una voz en los medios y en el gobierno.

En 2015, *Selma* fue nominada a mejor película en los premios de la Academia. Su éxito le abrió las puertas a la cineasta. Sin embargo, DuVernay crea sus propias oportunidades. Ella nos recuerda: "No se trata de salir a tocar en puertas cerradas. Debemos construir nuestra propia casa para poder abrir nuestras propias puertas".

DuVernay tiene por delante una larga lista de proyectos, como *Un viaje en el tiempo,* una **adaptación** de gran presupuesto basada en una novela clásica. Su serie, *Queen Sugar,* ha sido vista por muchas personas. Se transmite en la cadena *OWN*© de Oprah Winfrey.

Los cineastas suelen elegir historias que llevan en el corazón. Esos relatos ponen el foco en sucesos que, en su opinión, requieren atención. Las películas de DuVernay hablan sobre temas que para ella son valiosos.

DuVernay dice que cuando se dio cuenta de "que lo único que debo hacer es contar mi historia, entonces todo cambió para mí. A la hora de filmar, no hay nada que los demás puedan darme que yo no pueda hacer por mí misma". Continuó explicando: "Quiero que me definan como 'una cineasta negra' porque esa es la lente a través de la que trabajo. Esa es mi mirada. Y me siento orgullosa de ella".

Justin Lin

El nombre de Justin Lin encabeza los créditos de algunas de las películas más taquilleras. Ha hecho rugir los motores en la serie *Rápidos y furiosos*. En 2016, dirigió el filme *Star Trek: Sin límites*. A Lin le gusta **recrear** viejos éxitos, y ha hecho de esto un arte.

La familia de Lin se mudó de Taiwán cuando él era pequeño. Su padre era piloto. Sin embargo, una vez en los Estados Unidos, la familia abrió un restaurante de pescado y papas fritas para ganarse la vida. Los padres de Lin trabajaban 12 horas al día. Ahora Lin aplica esa misma ética de trabajo y capacidad de enfoque cuando hace películas.

"Filmar es [como] jugar un partido de básquetbol", dijo. "Cuando suena la bocina, estés ganando o perdiendo, lo único que puedes controlar es el esfuerzo con que haces las cosas".

Lin debutó como cineasta en 2002 con *Better Luck Tomorrow,* una película de **cine independiente**. El elenco estaba totalmente compuesto por actores asiáticoamericanos. El filme causó sensación. Roger Ebert, un respetado crítico cinematográfico, dijo que Lin era "una estrella en ascenso".

Lin asiste al estreno de *Star Trek: Sin límites* en Londres

Aunque Lin ahora se dedica a la cinematografía, de pequeño jugaba muy bien al básquetbol. Imagina que Lin juega $8\frac{1}{6}$ minutos en el primer cuarto y $4\frac{2}{3}$ minutos en el segundo cuarto de un partido de básquetbol.

1. En total, ¿Lin juega más de $12\frac{1}{2}$ minutos o menos de $12\frac{1}{2}$ minutos? ¿Cómo lo sabes?

2. Elige todos los números que podrían usarse como común denominador para hallar el número total de minutos que juega Lin.

    A. 6   **B.** 12   **C.** 9   **D.** 18

3. Halla el número total de minutos que Lin juega en ambos cuartos. Explica cómo sabes que tu respuesta es razonable.

Lin observa cómo se desarrolla la acción desde detrás de la cámara.

"No me divierte la acción si no se construye en torno a los personajes", explica Lin. Su éxito está directamente relacionado con su foco en los personajes.

En ocasiones, Lin trabaja con **repartos** numerosos. En *Star Trek: Sin límites*, tuvo que manejar a un enorme elenco de personajes al mismo tiempo. Sin embargo, logró asegurarse de que cada uno tuviera "sentimientos válidos y estableciera una conexión emocional con el público". Quería garantizar a los espectadores la sensación de que tenían "una gran relación con todos esos personajes".

Lin ayuda a una actriz a conectarse con las emociones de su personaje.

Lin posa junto al elenco de *Star Trek: Sin límites*.

Aunque Lin hizo varias películas que han funcionado bien en la taquilla, algunas otras no han sido grandes éxitos. Pero el cineasta no tiene problema en aceptar los errores. "Damos lo mejor de nosotros cuando hacemos películas; a veces podemos establecer una conexión con el público y otras veces no". Lin resume: "Todos caemos, nos levantamos y aprendemos".

Lin continúa embarcándose en nuevos proyectos. Disfruta de su trabajo, aunque sea exigente.

"Hagan lo que les gusta", recomienda Lin a los jóvenes cineastas. "Después de todo, si una película se filmó por las razones correctas, entonces no hay fracaso".

EXPLOREMOS LAS MATEMÁTICAS

Imagina que vas a ver la última película de tu cineasta favorito. Como ganas puntos por ser espectador frecuente, has acumulado algunos para usar en tu entrada y en un bocadillo. Ahora tienes $4\frac{1}{2}$ puntos. Una entrada y un bocadillo restan $1\frac{3}{4}$ puntos. ¿Cuántos puntos te quedan? Dibuja y usa el modelo para demostrar tu solución.

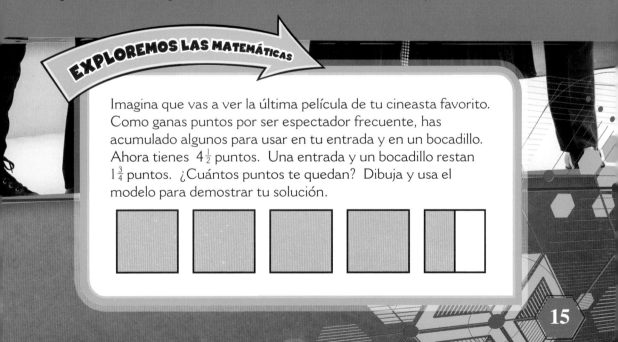

Coogler asiste al estreno de *Estación Fruitvale* en un festival de cine de Los Ángeles.

Ryan Coogler

Ryan Coogler es un director de historias personales y honestas. Sin embargo, no siempre soñó con ser cineasta. Cuando comenzó la universidad, jugaba al fútbol americano. Había recibido una beca deportiva. Además, planeaba convertirse en médico.

Fue durante una clase de escritura creativa que una profesora le hizo reconsiderar la profesión. Coogler le entregó un ensayo sobre su padre. Después de leerlo, la profesora le dijo: "Creo que deberías ser guionista. Llegarías a muchas más personas".

Al principio, Coogler no tomó en serio la idea. Pero siguió pensando nuevas historias. Comenzó a tomar clases de cine. Pronto se alejó del fútbol americano. Se mudó a Los Ángeles para asistir a la escuela de cine.

En 2013, Coogler saltó a la fama con su primera película importante, *Estación Fruitvale*. Basado en hechos reales, este filme narraba la historia del asesinato de Oscar Grant, un joven desarmado. La **humanidad** del filme de Coogler conmovió a los espectadores.

"Después de todo, la herramienta más valiosa de un cineasta es la humanidad", dijo Coogler. "Queremos ser capaces de capturar la humanidad en nuestras historias y de destacar la humanidad de nuestros personajes".

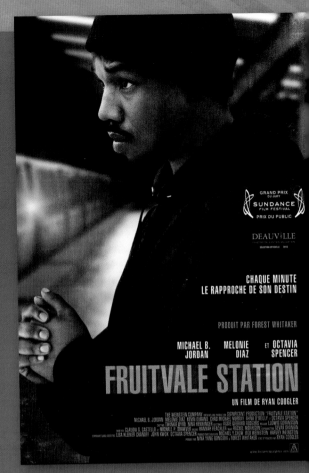

EXPLOREMOS LAS MATEMÁTICAS

Imagina que comienzas a leer un libro para aprender más sobre el arte de la cinematografía. El lunes lees $2\frac{1}{4}$ capítulos. El martes lees $3\frac{1}{10}$ capítulos.

1. ¿Has leído más de 6 capítulos o menos de 6 capítulos? ¿Cómo lo sabes?

2. Elige todas las expresiones que podrían usarse para hallar el número total de capítulos que has leído.

   A. $2\frac{10}{40} + 3\frac{4}{40}$ **B.** $2\frac{1}{14} + 3\frac{1}{14}$ **C.** $2\frac{5}{20} + 3\frac{2}{20}$ **D.** $\frac{45}{20} + \frac{62}{20}$

3. Elige una expresión correcta de la pregunta 2. Úsala para hallar cuántos capítulos has leído. ¿Por qué elegiste esa expresión para hallar la solución?

En 2015, Coogler dirigió *Creed: Corazón de campeón*. La película fue una nueva entrega de la serie *Rocky*. Pero no se trató de una secuela típica. Por el contrario, Coogler llevó la franquicia en una nueva dirección. Basándose en la relación con su propio padre, logró añadir profundidad a la historia narrada en el filme.

"Para mí es importante participar siempre en proyectos que me apasionen", dijo. "Este trabajo es tan absorbente que, para hacerlo bien, hay que dedicarse de lleno 24 horas diarias durante años con cada película".

Coogler muestra una posición de boxeo al actor principal, Sylvester Stallone.

EXPLOREMOS LAS MATEMÁTICAS

Imagina que Coogler compra 11 pizzas para su equipo técnico. En el camino siente hambre, así que al equipo ahora le quedan $10\frac{1}{3}$ pizzas para comer.

1. ¿Qué cantidad de pizza comió Coogler? ¿Cómo lo sabes?

2. En tan solo unos minutos, el equipo técnico devora $8\frac{3}{4}$ de las pizzas restantes. ¿Cuánta pizza queda? Muestra tu estrategia para hallar la solución.

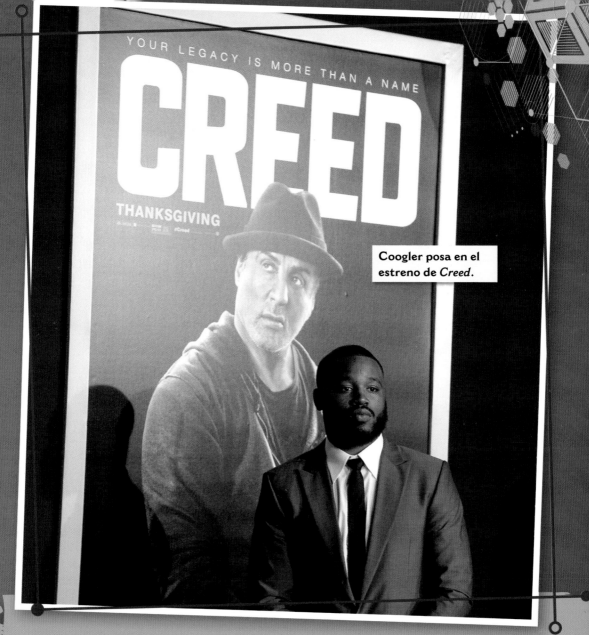

YOUR LEGACY IS MORE THAN A NAME

CREED

THANKSGIVING

Coogler posa en el estreno de *Creed*.

Coogler se convirtió en cineasta para "contar historias desde la perspectiva de determinados personajes [...] que yo quería mirar". Su objetivo es crear películas que reflejen "el mundo en que vivimos".

Aunque la carrera de Coogler va en ascenso, él intenta mantener los pies sobre la tierra. "Como artista, la primera responsabilidad debe ser para con uno mismo", dijo. "Si el trabajo que haces no significa nada para ti, el resultado final no será bueno".

Brandy Menefee:
Una entrevista

Brandy Menefee ha trabajado en Hollywood durante más de 15 años. En esta entrevista, comparte sus ideas sobre la profesión ¡y también algunos consejos para quienes se inician en la cinematografía!

Autora: ¡Eres directora, productora, escritora y editora! ¿Cuáles son las principales diferencias entre esos papeles?

Menefee: Producir es como poner la mesa para una gran comida. Dirigir es similar a manejar una orquesta. Editar consiste en tomar una pila enorme de material y decidir qué hacer con él. Escribir es el punto de partida. Es tu visión. Un productor se encarga de estudiarla para determinar el presupuesto, el equipo técnico, el elenco y el cronograma.

Autora: ¿Cuál es tu papel favorito?

Menefee: Una de las cosas que más me gusta de mi trabajo es la variedad de oportunidades. Es muy difícil elegir un solo papel como mi favorito. Dirigir es algo que se me da naturalmente. Producir me lleva a afrontar desafíos y buscar soluciones. Me encanta la simplicidad al momento de escribir. Somos solo yo y mis palabras.

Editar es como una combinación de todos esos papeles en uno. Eres el último escritor de la historia. Orquestas (diriges) todos los planos... y haces todo lo necesario (produces) para alcanzar un objetivo común.

EYEWITNESS WAR

PROD.	EYEWITNESS WAR		
ROLL	SCENE		TAKE
8A/8B	WESTON OLSON INTV		1
DIRECTOR	B. MENEFEE		
CAMERA	C. LEALOS		
DATE 5.03.13	DAY NIGHT INT EXT MOS		SYNC
	FILTER		

Brandy Menefee

Menefee filma a estas personas para un documental sobre la cría de ratas.

Autora: También eres narradora de un documental. ¿Qué significa eso?

Menefee: Hago perfiles de las personas y documento sus logros. Esto implica entrevistarlas y filmar partes de su vida. Luego, edito todo el material. Por último, lo presento de una manera tal que pueda inspirar y conmover al público.

A veces, la gente asocia la palabra *documental* únicamente con temas serios. Pero se pueden crear contenidos significativos que también sean ligeros, divertidos y que arranquen una sonrisa.

Autora: Descríbeme un día en la vida de una narradora de documentales.

Imagina que Brandy trabaja en un nuevo documental. Ayer estuvo $8\frac{2}{5}$ horas enviando correos electrónicos, haciendo llamadas telefónicas y realizando entrevistas. Hoy ha estado editando en una sala oscura durante $6\frac{1}{2}$ horas. Brandy cree que trabajó $14\frac{9}{10}$ horas los últimos dos días. El informe de su asistente dice que trabajó $\frac{149}{10}$ horas. Explica por qué tanto Brandy como su asistente tienen razón. ¿Cómo elegirías mostrar el número de horas que Brandy trabajó? ¿Por qué?

Menefee: Algunos días no hago más que correos electrónicos y llamadas telefónicas.

Otros días los paso encerrada en una sala oscura editando durante horas. Tomo decisiones creativas delante de la pantalla de una computadora. Y espero a que alguien se ofrezca a traerme un bocadillo.

También hay días en los que estoy ocupada intentando crear un espacio seguro para mis entrevistados.

Una de las ventajas de mi trabajo es la posibilidad de conocer gente fascinante. Puedo explorar su mundo y vivir en él por unos momentos. Aprendo mucho de todas esas personas.

Autora: ¿Cuáles son algunos de tus proyectos fílmicos favoritos?

Menefee: Dirigí a Channing Tatum en unas promociones digitales. También he dirigido a algunos de los mejores chefs de Estados Unidos y he viajado por todo el país. Y he vivido 30 días de gira a bordo de un autobús para hacer una **crónica** de los **enredos** detrás de escena de una importante cantante.

Lo que más me enorgullece es el contenido que creé para la organización sin fines de lucro Aware Awake Alive. Un día me contactaron dos padres de luto por la muerte de su hijo. Su objetivo era que ninguna familia viviera la misma pesadilla. Así que formaron esta organización y querían filmar algunos videos para dar a conocer su dolorosa experiencia. Yo me ocupé de **conceptualizar**, producir, dirigir y editar la historia. Esos videos han sido decisivos para la misión de la organización de salvar vidas.

Brandy Menefee posa en un plató de África.

Autora: Si pudieras regresar en el tiempo a cuando tenías 11 años, ¿qué consejo te darías a ti misma sobre cómo iniciar una carrera cinematográfica?

Menefee: Tu **punto de vista** es único. No es el mejor. De hecho, ninguno lo es. Todos tenemos una voz única. Busca la tuya. Desarrolla tu propio punto de vista. No tiene por qué ser llamativo ni exagerado. Pero tu punto de vista es lo que te diferencia de todos los demás. Imagina que una misma historia se asigna a diez personas. Cada uno la narrará de una manera diferente. ¿Cómo la narrarás tú?

Ava DuVernay (izquierda) y
David Oyelowo (derecha)

Cineastas intrépidos

Nuestras películas favoritas nos conectan con nuestras emociones.
Nos hacen reír y llorar. Nos invitan a pensar en el mundo. Nuestras
películas favoritas simplemente crean magia en la pantalla. Los cineastas
dinámicos son los responsables de esa magia.

Si hay una característica que une a todos estos directores es su
compromiso. Ponen pasión y energía en lo que hacen. Los días de
filmación son largos. Los directores suelen empezar a trabajar antes del
amanecer. A menudo continúan después de que todos ya se han ido a
dormir.

Sin embargo, los directores están más que dispuestos a asumir esa pesada carga de trabajo. Hacen lo que más les gusta. Tienen historias importantes para contar. Sus películas nacen de su vocación de narrar.

Ava DuVernay, Justin Lin, Ryan Coogler y Brandy Menefee se esfuerzan mucho para traernos la magia del cine. Sienten el compromiso de ser líderes en su campo.

EXPLOREMOS LAS MATEMÁTICAS

Un fin de semana decides comenzar a escribir el guion de tu primera película. Escribes $3\frac{1}{8}$ páginas el sábado. El domingo escribes $4\frac{2}{3}$ páginas.

1. ¿Cuántas páginas has escrito?

2. ¿Cuántas páginas más que el sábado escribiste el domingo?

El actor Vin Diesel (izquierda) y Justin Lin (derecha) comentan una escena durante la filmación de *Rápidos y furiosos*.

⚙️ Resolución de problemas

Los cineastas no crean por sí solos la magia del cine. Tienen equipos técnicos que los ayudan. Imagina que eres el asistente de dirección de una próxima película. Una de tus responsabilidades es asegurarte de que todos respeten el calendario de rodaje. Ese calendario hace que la filmación marche según lo planeado. Demuestra que comprendes el plan de producción usando el calendario de rodaje para contestar las preguntas.

1. ¿Cuántos meses tomarán la preproducción y el rodaje, o filmación?

2. ¿Cuántos meses tomarán el desarrollo y la posproducción?

3. ¿Cuánto más tiempo tomará el desarrollo de la película comparado con la cantidad total de tiempo de las otras tres etapas?

4. ¿Cuál es la cantidad total de tiempo planeada para esta película según el calendario de rodaje? ¿Es esa cantidad de tiempo mayor que 2 años o menor que 2 años? ¿Cómo lo sabes?

Calendario de rodaje	
Etapa de trabajo	Tiempo necesario
desarrollo	$14\frac{7}{8}$ meses
preproducción	$3\frac{2}{6}$ meses
rodaje, o filmación	$2\frac{1}{2}$ meses
posproducción	$6\frac{1}{4}$ meses

Glosario

adaptación: una película, un libro o una obra de teatro que se modifica para presentarla en un formato diferente del original

cine independiente: películas que son producidas por estudios pequeños, por lo general con un presupuesto pequeño

conceptualizar: formar una idea

cortometraje: película que dura menos de una hora

crónica: descripción que sigue el orden de los sucesos

director: persona que lidera a un grupo organizado de personas en una película o en una obra de teatro

editor: persona cuyo trabajo es corregir o modificar algo, incluidos una película y un libro

enredos: actividades o conductas traviesas

extras: personas contratadas como actores de fondo para hacer que las escenas sean realistas

humanidad: condición de ser humano

pantalla verde: pantalla grande usada como telón de fondo, que luego se reemplaza por imágenes digitales

productor: persona que reúne o invierte él mismo el dinero necesario para hacer una película

publicista: persona cuyo trabajo es proporcionar información a los medios de comunicación sobre una persona importante o famosa

punto de vista: manera de pensar sobre algo; perspectiva

recrear: crear una versión actualizada de una serie ya establecida

repartos: grupos de personas, tales como cantantes, actores y bailarines, que trabajan juntos en un espectáculo

Índice

Referencias

Davies, Monika. 2016. "Personal Interview with Brandy Menefee."

Dockterman, Eliana. 2015. "Creed Director Ryan Coogler on His Chemistry With Michael B. Jordan." Time. http://time.com/.

Kantor, Jessica. 2016. "Ava DuVernay Shares Her Advice for Women to Break Glass Ceilings: 'Focus on Your Work.'" Glamour. http://www.glamour.com/.

Kestel, Craig. 2012. "Ryan Coogler." Filmmaker Magazine. http://filmmakermagazine.com/.

Gross, Terry. 2015. "The Sounds, Space And Spirit Of 'Selma': A Director's Take." NPR. http://www.npr.org/.

Hill, Logan. 2016. "Meet Justin Lin, the Most Important Blockbuster Director You've Never Heard Of." Wired. https://www.wired.com/.

Horn, John. 2015. "Creed Director Ryan Coogler on Reimagining Rocky and Convincing Stallone." Vulture. http://www.vulture.com/.

Mistry, Anupa. 2014. "An Interview with Ava DuVernay, Groundbreaking Director of Selma." Jezebel. http://jezebel.com/.

Ryan, Mike. 2013. "Justin Lin: James Franco's Comments About 'Annapolis' Were 'Hurtful.'" The Huffington Post. http://www.huffingtonpost.com/.

Sankin, Aaron. 2012. "'Fruitvale,' Oscar Grant Movie, To Premiere At Sundance." The Huffington Post. http://www.huffingtonpost.com/.

Smiley, Tavis. 2012. "Filmmaker Ava DuVernay." PBS. http://www.pbs.org/.

Staff. 2007. "'Finishing the Game' Director Justin Lin." IndieWire. http://www.indiewire.com/.

Staff. 2016. "Justin Lin/Star Trek Beyond Interview." YOMYOMF. https://www.yomyomf.com/.

Weintraub, Steve. 2016. "'Star Trek Beyond': Director Justin Lin on How His Approach Differs from J.J. Abrams." Collider. http://collider.com/.

Williams, Brennan. "Ava DuVernay On Why She's Not Ashamed Of Labeling Herself A 'Black Woman Filmmaker.'" The Huffington Post. http://www.huffingtonpost.com/.

Exploremos las matemáticas

página 7:

B, C, D

página 13:

1. Lin juega más de $12\frac{1}{2}$ minutos porque $8 + 4$ es 12, y $\frac{2}{3}$ es mayor que la mitad antes de sumar $\frac{1}{6}$.

2. A, B, D

3. $12\frac{5}{6}$ o equivalente

página 15:

$2\frac{3}{4}$; Los modelos variarán. Ejemplo:

página 17:

1. menos de 6 capítulos; $2 + 3$ es 5, pero tanto $\frac{1}{4}$ como $\frac{1}{10}$ son menores que la mitad. Entonces, las fracciones no tendrán el total de 1 que se necesitaría para un total de 6 capítulos.

2. A, C, D

3. A tiene un total de $5\frac{14}{40}$; C tiene un total de $\frac{7}{20}$; D tiene un total de $\frac{107}{20}$. Las respuestas variarán pero pueden incluir: Elegí C porque era la más simple de calcular.

página 18:

1. $\frac{2}{3}$; Las respuestas variarán pero pueden incluir: Quedan $10\frac{1}{3}$ pizzas y $\frac{2}{3}$ más serán un total de 11 pizzas.

2. $1\frac{7}{12}$; Las estrategias variarán pero pueden incluir hallar los comunes denominadores, escribir números mixtos como fracciones impropias o dibujar un modelo.

página 23:

Las respuestas variarán pero pueden incluir: Brandy tiene razón porque usó un común denominador de 10 e hizo el cálculo con números mixtos. Su asistente también tiene razón porque $14\frac{9}{10}$ es igual a $\frac{149}{10}$. El asistente hizo el cálculo con fracciones impropias. Yo elegiría el método de Brandy porque así es más fácil ver que ella trabajó más de 14 horas.

página 27:

1. $7\frac{19}{24}$ o equivalente

2. $1\frac{13}{24}$ o equivalente

Resolución de problemas

1. $5\frac{5}{6}$ o equivalente

2. $21\frac{1}{8}$ o equivalente

3. $2\frac{19}{24}$ o equivalente

4. $26\frac{23}{24}$ o equivalente; Esta cantidad de tiempo es mayor que dos años, o 24 meses.